D'UNE LISTE CIVILE

EN HARMONIE

AVEC LES BESOINS ET LES MŒURS

DE

LA-FRANCE NOUVELLE.

Paris. — Imprimerie de Gaultier-Laguionie.

D'UNE LISTE CIVILE

EN HARMONIE

AVEC LES BESOINS ET LES MOEURS

DE

la France Nouvelle.

La fixation de la liste civile du roi des Français est soumise à une des plus prochaines délibérations des Chambres. Peut-être n'est-il pas hors de propos, dans un moment où toutes les questions d'économies ont été mises à l'ordre du jour, de discuter isolément chacun des chapitres du milliard imposé. La pensée du gouvernement doit être d'opérer le plus de réductions possibles, sur un budget qui, depuis 20 ans, n'a fait que s'accroître, afin de décharger les contribuables d'un fardeau qui menace de les accabler; mais les économies doivent être bien entendues et sagement faites, autrement elles occasioneraient tôt ou tard un malaise dans l'état, et une gêne chez les particuliers.

Si nous avions à subir encore la dévotion outrée d'une cour bigote, envoyant à Rome l'argent arraché aux sueurs des contribuables, gorgeant ses favoris de richesses et d'honneurs, gouvernant par la corruption, et foulant aux pieds, comme un jouet d'enfant, ses sermens et le bonheur de 30,000,000 de Français; livrer à une semblable cour les trésors de l'Etat, ce serait jeter la France tout entière comme une proie à l'insatiable cupidité de courtisans avides, et donner un bill d'impunité à la félonie et à l'oppression.

Mais, quand apparaît à la tête de la France régénérée une dynastie nouvelle, pleine d'honneur et de patriotisme, qui apporte avec elle, sur la pourpre royale, la volonté populaire, et un passé qui répond du présent et de l'avenir; une dynastie qui, rejetant au loin tout ce cor-

tége doré de nullité fastueuse, pour ne représenter que par ses vertus, oppose aux partisans
exclusifs du droit divin un trône civique, sou-
tenu par la volonté unanime de 3o,ooo,ooo
d'hommes libres; quand le chef de l'Etat en est
le premier citoyen, qu'il commande les hommes
et non le sol, c'est avec un tel prince qu'il ne
faut pas compter; c'est à lui qu'il est nécessaire
de donner par une généreuse confiance les
moyens d'étendre ses bienfaits sur toutes les
classes de la société, et sur toutes les gloires
nationales.

Une union long-temps désirable, et qui ne
pouvait exister avec la dynastie déchue, a lieu
maintenant entre les représentans du peuple
français et le roi de son choix; perfectionner les
principes de la nouvelle Charte, en tirer des
conséquences favorables aux droits des citoyens,
et, par la force de l'opinion, maintenir l'ordre
et la sécurité dans l'Etat, voilà quel doit être le
but de nos nouveaux législateurs. En vain le
despotisme, qui avait si long-temps appesanti
sa main de fer sur l'Europe, menaçait d'anéantir
la liberté; les glorieuses journées de juillet l'ont
arrêté dans sa course. Refoulé en France, en

Belgique, en Angleterre, dans une partie de l'Allemagne, quelques efforts qu'il fasse maintenant, il ne peut plus que rétrograder. Une révolution nouvelle a produit des institutions nouvelles, et les intérêts particuliers, et les intérêts sociaux, ont pris une forme et une position différentes. C'est fort des changemens heureux qui viennent de s'opérer, que des idéologues rêvent un gouvernement républicain au sein d'une monarchie constitutionnelle, élevée par l'élan spontané de tout un peuple, et qu'ils refusent de l'entourer de ce prisme éclatant si nécessaire à la royauté.

La liste civile doit être, pour ainsi dire, par son évaluation, le thermomètre le plus positif de la confiance du peuple en son souverain. Si, père de la grande famille, il comprend et remplit les devoirs que ce titre sacré lui impose, alors la société tout entière se décharge sur lui du soin du bonheur public. Placé sur une hauteur d'où rien ne peut échapper à ses regards perçans et à son active prévoyance, éclairé sur les véritables intérêts et les besoins de toutes les classes des citoyens, il rend à chaque instant avec usure, à ses sujets, les sommes qu'ils lui

avaient confiées, et dont il n'avait que le dépôt.
Seul, il fait circuler dans les veines du corps
social le principe réparateur qui l'entretient et
le fortifie ; seul, il communique au commerce le
mouvement et la vie, va au devant de toutes les
infortunes, récompense toutes les illustrations,
et, assurant enfin la prospérité générale, agran-
dit par sa salutaire influence les merveilles du
génie et de la civilisation.

Et que l'on ne vienne pas nous dire que les
Chambres participent à la glorieuse impulsion
que le roi des Français doit imprimer au bonheur public ; les Chambres discutent et font les
lois, le pouvoir exécutif les fait mettre à exécu-
tion ; c'est lui qui donne l'essor à la machine
politique. La vie entière de Louis - Philippe
prouve, de la manière la plus évidente, qu'il n'a
pas besoin d'une liste civile pour s'assurer l'affection de son peuple, mais que c'est ce peuple
qui demande d'entourer le trône d'un éclat
digne de la nation française.

Il est évident que le peuple français aime
par dessus toutes choses la liberté réglée par
de sages lois ; mais il est évident aussi que ce
peuple, plein d'intelligence et d'enthousiasme,

animé d'un esprit prompt et vif, se laisse en-
traîner souvent aux mouvemens d'un orgueil
légitime, tel que celui de la gloire et de l'estime
de lui-même; c'est cet orgueil, cette vanité na-
tionale, qu'il faut savoir bien diriger. Chez ce
peuple amoureux de tout ce qui est extraordi-
naire, un système de loi, quelque parfait qu'il
soit, lui paraîtra nécessairement froid, si quelque chose ne vient y ajouter la vie, et n'y
donne à la fois du mouvement et une éclatante
et noble représentation.

Ici se comprend d'une manière générique
que la nécessité d'un Roi qui, tout constitutionnel qu'il est, doit cependant exercer
une grande influence sur le pays, et se
trouver continuellement en rapport avec les
grandes notabilités politiques et financières
de son royaume, ainsi qu'avec le peuple qu'il
est appelé à gouverner. Et, remarquons-le bien,
dans quelque position que ce peuple ait été
placé, il n'a jamais séparé l'affection qu'il porte
à sa patrie, de l'affection qu'il veut porter à son
souverain. Cet axiome est si vrai, il est telle-
ment dans le caractère français, que dans l'a-
bandon où il se livre, il cherche toujours à se

créer une espèce d'idole, et que, non seulement dans sa pensée, il la comble de ses res-
pects, mais encore, il veut qu'elle brille par
l'éclat et par la gloire.

A côté de ces considérations morales, se pla-
cent d'autres considérations aussi graves, aussi
imposantes. C'est dans les mœurs, c'est dans les
besoins, c'est dans le caractère même de notre
France nouvelle, que nous puiserons l'argu-
ment le plus irrésistible contre une réduction
trop forte de la liste civile, réduction qui serait
à la fois funeste et impolitique.

Nous avons déjà parlé de l'amour-propre national, qu'il ne faut pas confondre avec l'a-
mour-propre personnel. Oui, nous le disons,
parce que la grande majorité des Français le
répétera avec nous, la nation entière rougirait
si le trône descendu à une simplicité mesquine
que peut avoir un président des Etats-Unis,
mais qui ne peut être le partage d'un roi des
Français, n'était plus entouré de cette auréole
de gloire et de splendeur qui frappe et éblouit
les yeux. La nation veut que dans les occasions
solennelles, lorsque le souverain est appelé à
représenter la grandeur française, il rehausse

l'éclat de ses vertus publiques et privées par une pompe imposante.

Si des vues morales, nous passons au bénéfice qu'une liste civile sagement votée doit procurer au commerce de Paris, comme point central de tout le commerce français, nous verrons qu'elle n'est point une allocation donnée au souverain pour emplir ses coffres et grossir son épargne; c'est ainsi que nous l'avons déjà dit, un dépôt remis entre ses mains pour faire produire et vivifier toutes les branches industrielles. Certes, Louis-Philippe, roi des Français, n'a pas besoin de s'entourer d'une Cour fastueuse et monacale comme l'était celle du roi déchu; mais il a besoin d'étendre encore, s'il est possible, sa popularité si justement établie; il désire sans doute donner des fêtes, il veut voir autour de son trône les supériorités intellectuelles et industrielles qui vont former sa cour, il les recherche, il les aime, parce qu'elles sont l'honneur et la gloire de la France. Ce prince les choisira dans les classes moyennes de la société, car il sait que ces classes seules constituent la force et la solidité d'un trône constitutionnel; nécessairement, de grandes commandes auront lieu.

Les manufactures se ressentiront du lien qui attache les sujets au Roi, et réciproquement le Roi à ses sujets.· Pour cela, il faut qu'il y ait, non pas profusion, mais un luxe bien entendu, une sage et prévoyante distribution de fonds, et elle ne peut se faire qu'autant que les membres des chambres, éloignés des vues rétrécies de soi-disant économistes politiques, voteront une liste civile en harmonie avec les mœurs et les besoins de la France nouvelle.

On ne peut nous opposer que les fonds votés resteront stationnaires dans Paris, puisqu'il est nécessaire qu'ils s'écoulent dans mille canaux divers, et que les départemens industriels et manufacturiers seront les premiers à reconnaître que les sommes votées par les Chambres pour la liste civile leur seront rendues par partie, et serviront à payer les nombreux ouvriers qu'ils emploient. En vain quelques philanthropes voudraient prétendre que cet argent est enlevé à la sueur du laboureur, auquel il eût été profitable; que font, répartis chaque année, 25 à 30 centimes sur les individus d'une population de 30,000,000 d'habitans; c'est une goutte d'eau jetée dans la mer : et quel est le Français qui, pour une si faible somme, regretterait d'avoir contribué pour sa part au lustre d'un trône vraiment national et constitutionnel.

La sage administration que le duc d'Orléans a su établir dans toutes les parties de ses revenus comme citoyen, est un sûr garant de celle qu'il établira dans les diverses branches de sa maison royale comme souverain. Et cependant, si l'on veut réfléchir que l'œil vigilant qu'il n'a cessé de porter dans son patrimoine, ne l'a pas empêché, mais au contraire, l'a mis à même d'alléger de grands malheurs, de protéger de ses finances nos illustrations scientifiques et littéraires, de former une galerie, non seulement remarquable par les faits nationaux qu'elle représente, mais encore par les noms célèbres des grands peintres qui y ont travaillé et qui sont l'honneur de l'école française, on sera convaincu qu'avec une liste civile telle que doivent la voter des députés éminemment français, Louis-Philippe donnera l'essor a de nobles pensées, fruits de longues méditations, qu'il mettra à fin les superbes projets qui doivent rendre Paris l'orgueil de la France, l'envie de l'étranger, et la capitale de l'Europe.

Et la bienfaisance du prince ne sera-t-elle qu'un mot? Voudra-t-on priver la couronne de son plus beau fleuron? Celui de répandre par-toute la France des secours sagement distribués. Une ville a souffert par un incendie, une commune a été ravagée par un fléau destructeur, un département entier perd ses ressources par un accident fortuit, à qui seul dans ces désastres les citoyens pourront-ils recourir, qui viendra leur tendre une main protectrice? Leur roi. Ils savent que le roi citoyen qu'ils ont élevé sur le pavois des libertés court au-devant de toutes les infortunes; ils connaissent toute la bonté de son ame; ils n'ignorent pas qu'un malheur légitime est un titre sacré pour celui qui, dans des temps orageux, vécut avec 70 francs par mois. Mais que fera le souverain; pourra-t-il suivre l'impulsion de son cœur généreux, si des limites étroites sont imposées à ses vertus. Et que pourra-t-il donner, si ce qu'il a reçu suffit à peine pour entourer un trône français d'une auréole éclatante.

Nous avons pensé que dans un moment où l'on ne parlait que de réductions et d'écono-mies, les réflexions que nous venons de faire,

et que nous soumettons avec confiance aux
Chambres et à nos concitoyens, forts que nous
sommes de nos intentions patriotiques, seraient
reçues avec indulgence, parce qu'elles pour-
raient être utiles à la nation. Nous aussi, nous
demandons à nos mandataires des réformes et
des économies, mais nous voulons qu'elles
soient vraiment profitables au peuple. Touchez
au vaste champ des sinécuristes. Retranchez
une partie des appointemens des commis large-
ment rétribués, qui, après avoir reçu pendant
de longues années, et sous tous les régimes,
dès 25 ou des 20,000 francs par année, sans
compter les gratifications, ont des retraites plus
élevées que celles des maréchaux de France ou
des lieutenans-généraux couverts d'honorables
cicatrices. Proclamez la liberté théâtrale, et ce
monopole ne vous coûtera plus 3,000,000 arra-
chés à la misère et au crime par la source im-
pure des jeux.

Il existe mille autres économies que nous
pourrions indiquer; il existe de nouvelles sour-
ces de revenus publics, telles que celles présen-
tées par M. Fournerat, substitut du procureur
du Roi; mais dotez d'une manière convenable

la couronne du roi des Français, si vous voulez qu'elle soit respectée.

Certains de l'assentiment éclairé de vos concitoyens, que votre vote consciencieux, tombé dans l'urne constitutionnelle, réduise au silence et l'étranger, et les ennemis de votre bonheur politique, par le spectacle imposant d'une nation libre et généreuse, qui sait que les deniers qu'elle s'impose doivent faire ressortir l'éclat d'un trône rayonnant de patriotisme et de vertus.

Signé PILLÉ, ANDRÉ, MORE et Cie,

Au nom, et comme fondés de pouvoirs d'un grand nombre de négocians, tous patentés et électeurs.

LE CONTE, GUÉROULT et Comp., DUBOIS, MASSY, HOCHEDER, PUJEAU, LEGENISSEZ.

www.ingramcontent.com/pod-product-compliance
Lightning Source LLC
LaVergne TN
LVHW022252030726
842520LV00009B/2727